R.-A. Wolfgang Krause, geboren am: 20. Dezember 1964 in Spandau bei Berlin.

1974 durch die Beatles zur Musik gekommen. In den 80ern einige kleine Erfolge mit der Jigsaw-Puzzle-Band aus Soltau und später mit Splinter aus Berlin. Seit den 90ern als Musiklehrer für Gitarre, Bass, Piano, Schlagzeug und Musiktheorie tätig. C-Schein-Qualifikationen und mehrere Gasthörerschaften auf verschiedenen Hochschulen in Berlin und Norddeutschland. Dipl. Pädagoge, Lehrbuchautor &, Buchautor von verschiedenen musik- und sozialwissenschaftlichen Werken.

In der Hauptsache aber Lehrer, Seelsorger, Zuhörer und Kämpfer !

Inhaltverzeichnis

Vorwort

Mit diesem kleinen Buch möchte ich gerne ein paar meiner gesammelten Aphorismen und Zitate, die ich in meiner Praxis für Musikunterricht und Musiktherapie gesammelt habe veröffentlichen. 333 Zitate, die mich bewegt haben, oder zu denen ich selbst einen Bezug habe.

Selbstverständlich werden hier Urheber, Namen und Orte völlig weggelassen. Es sind die Gedanken und Gefühle von Menschen, die wir tagtäglich begegnen. Beim Einkaufen, auf der Arbeit, in der Schule, auf der Uni und vielleicht auch in der Familie.

Ich habe auch Zitate aus den Communities im Internet, wie z.B. Twitter und Facebook in den Buch mit aufgenommen, weil ich sie einfach für authentisch halte.

Als Intermezzo werden Sie auch Zitate berühmter Persönlichkeiten lesen. Diese sind dann aber besonders gekennzeichnet. Ich habe diese Zitate ausgewählt, weil sie eben auch von Klienten und Zeitgenossen in gewissen Situationen gebraucht worden sind und auch einfach in das Gesamtbild dieses Buches passen.

Ich finde es berührend und bemerkenswert, was Menschen bewegt, mit was für Gefühlen und vor allem Problemen sie im Alltag leben und umgehen müssen. Bemerkenswert ist aber nicht nur, wie man mit Bedürfnissen von Menschen umgeht, sondern im Besonderen, wie die Menschen Ihre Bedürfnisse anmelden. Das geschieht oft nicht auf dem direkten Wege, sondern entweder semi-anonym im Internet, oder beim Therapeuten.

Es geht in diesem Buch nicht um richtig, oder falsch. Es geht darum. was Menschen berührt und was sie wahrnehmen. Somit lasse ich es jedem offen, wie und aus welcher Sichtweise er diese Aussagen bewertet und wie er sie verstehen mag. Vielleicht, so lange diese Aussagen nicht ausgerechnet moralisch betrachtet werden, könnten sie dazu dienen, den Menschen etwas näher zu kommen und Empathie aufzubauen, um den Nächsten etwas besser zu verstehen, oder mal von einer anderen Sichtweise, wie ausgerechnet der negativen, zu betrachten.

Wolfgang Krause
Deutschland am Dienstag, 7. Juni 2022

1

„ ... und ich stelle mir im Geiste vor, dass ich ein Stein bin, der stark verankert ist und sie mir nichts anhaben können. Ich zeige keine Reaktion, kein Augenkontakt, kein Zuspruch. Ich werde nix persönliches von mir preisgeben... Ich bin stark und lasse sie nicht in meinem Leben. Ich gebe ihnen keine Macht über mich - den Narzissten.“

2

"... man kann aus Kopfnickern und Ja-Sagern keine bildungsintensiven Pädagogen machen. insbesondere dann nicht, wenn es sich, wie es ja nicht anders zu erwarten ist, nur um Systemfolger handelt, die ihre Karriere lediglich darauf aufbauen, dass sie das machen, was man von ihnen verlangt."

3

"... es gibt keinen Unterschied zwischen Wladimir Putin und Joe Biden, wenn wir sie nackend ausziehen, ..."

Frei nach einem Zitat von John Lennon und Yoko Ono aus "we're all water from the river of difference"

4

"Die ersten vier Jahre im Leben sind prägend; wer unter Spießern geboren wird, wird auch als Spießer sterben, was dazwischen ist, ist völlig unerheblich, ..."

5

"Narzissten, Giftleger und Gaslighter sind ein verdammt schlimmes Pack und ein hoher Schaden für unsere Gesellschaft, aber noch schlimmer sind die, die diesen Blödsinn unreflektiert glauben und weitertragen. Auch davon gibt es mehr wie genug, …"

6

"Ist ein Verbrechen ein Verbrechen, auch wenn es nicht im Strafgesetzbuch steht ? Klar, man kann ja z.B. Berufe wählen, die darauf ausgerichtet sind, anderen Leuten die Existenz zu zerstören und sich an dem Leid noch dazu bereichern, wie es partiell auch „die Wirtschaft" tut, …"

7

"… anderen Leuten die Existenz zerstören, sich an der Verlustmasse noch bereichern, und dann die Opfer beschimpfen, weil sie arbeitslos sind und von unseren Steuergeldern leben,… So etwas ist in Deutschland ein Beruf und weder eine Krankheit, noch eine Straftat, …"

8

"Was sind das bitte für Menschen, die ihre Partner verleugnen müssen ? Wer muss seinen Partner, den er doch anscheinend liebt, verstecken ? Was ist das für ein scheiß Spiel ?"

9

"was wird eigentlich aus Kindern, denen man beim Mensch-ärger-dich-nicht spielen, die Würfel heimlich auf 6 gedreht hat, damit sie auch mal gewinnen?"

10

"... und es gibt Menschen, die behaupten tatsächlich sie sind Demokraten. Kommt man denen aber mit demokratischen Strukturen, werden sie hinterfotzig, herabwertend und versuchen autoritär die Macht an sich zu ziehen ..."

11

„... ich bin immer wieder erstaunt darüber, wie Menschen mit Sesamstraßenintelligenz, durchs Leben kommen. Überschriften auswendig lernen und dann nur noch nach der Melodie: "eins von den Dingen passt nicht zueinander" ... "

12

"Der Bettler wird bespuckt, aber dem Millionär wird gehuldigt. Wer braucht hier wirklich Hilfe und was läuft hier schief ?"

13

"... und wer keine Emotionen versteht, muss eben auswendig lernen und Schauspielern,... Geht ja anscheinend in dieser Gesellschaft auch,..."

14

"Seine Aussichten auf den Lebensabend sind düster. Allein der Rentenbescheid ist jedes Mal ein Schlag ins Gesicht. Und bei diesen Aussichten schleppt er sich tagtäglich zu einem verhassten Job, der ihn auch noch um seine Gegenwart bringt. Er muss verrückt sein, völlig verrückt."

15

"... es gibt ja tatsächlich Menschen in Deutschland, die für hochprofessionell gehalten werden, wenn Sie wissen, wie etwas nicht geht, oder wenn sie erklären können, was sie nicht zu tun brauchen, ..."

16

"Wer Charme hat aber keine Scham, vor dem sei gewarnt, ..."

17

"Good morning, Vietnam   guten Morgen ihr Profilschleicher und Stalker, guten Morgen ihr Mobber und Gaslighter und guten Morgen auch ihr, mit eurem Ghosting, die ihr dem pöbelnden Mob Glauben schenken müsst. Wollt ihr wirklich diesen Krieg ?"

18

"Heilfasten und entgiften ist wie ein Frühjahrsputz. Der Müll fliegt raus und das Leben ist wieder sauber, ... und "der Müll", überträgt sich auch auf viele andere Bereiche im Leben."

19

„ ... und mich beschleicht immer wieder die Vermutung, dass es in Deutschland mehr Aluhutträger gibt, wie eigentlich vermutet. Egal auf welcher Seite sie stehen mögen."

20

"ca 30 % der deutschen Bevölkerung glaubt nicht mehr an die Wissenschaft. Habt ihr euch mal eine Vorstellung gemacht wo das hinführt? Ich meine, wo seid ihr, meine lieben Kollegen aus der Bildung ? "

21

„"ich werde doch nicht für dich Lügen", aber bei Mutti den Kopf in den Hintern stecken. Was für eine lächerliche Memme, …"

22

"Wenn jemand die so unpassende Wahrheit sagt, die das System in Frage stellt, dann ist der erst mal grundsätzlich ein Spinner, oder wie ?"

23

"... es ist immer wieder verdammt traurig zu beobachten, wie Leute in ihrer Selbstherrlichkeit abstürzen und es streckenweise nicht mal bemerken, ..."

24

"Wenn ein Staat nur Kopfnicker und Ja-Sager züchtet, dann muss er diesen auch Chancen geben, sich in der kastrierten Intelligenz zu behaupten. Von daher Noteninflation und Idioten in verantwortungsvollen Posten, oder ? "

25

"... auf Hartz4 Bezieher meckern, aber wenn Elvis Presley "in the ghetto" singt, kriegen diese Leute eine Gänsehaut. Was für eine furchtbare Ambivalenz, ..."

26

"Was sind das für "Pädagogen", die vielleicht zurecht (unter Tränen) über ihre Kollegen kotzen, aber gleichzeitig bedingungslos dem System folgen, nur um Karriere zu machen ?"

27

"… und was ist das für ein Systemfehler, wenn Menschen in der Pädagogik arbeiten dürfen, die ihre Intelligenz lediglich auf Kopfnicken und Ja-Sagen aufbauen, bzw mit Sesamstraßenintelligenz floskelhaft argumentieren, ..."

28

"Deutsche Kopfnicker und Ja-Sager Intelligenz: Überschriften Auswendiglernen und dann, wie in der Sesamstraße: "eins von den Dingen gehört nicht zueinander". Echt toll, dass solche Menschen auch in der Pädagogik unterwegs dürfen."

29

"was ich nicht kann, interessiert mich auch nicht und wird von mir auch gar nicht weiterverfolgt." Was ist das für eine schräge Haltung und woher kommt die ?"

30

"Wer die Deutschen mit der Etymologie ihrer eigenen Sprache konfrontiert, erntet entweder Shitstorm, oder ist verantwortlich für Tausende von Selbstmorden, …"

31

"Haben ist besser wie Brauchen, sagt man so. Das kann ich aber nicht auf Menschen beziehen. Da ist manchmal das Brauchen viel schöner wie das Haben, …"

"Anmerk.: gib allerdings Figuren, auf die man von vornherein verzichten kann …"

32

"Es ist äußerst bedauerlich, das Menschen, die in bestimmten Situationen gute Positionen vertreten können, im entscheidenden Moment aber zu feige sind zu sprechen, …"

33

""ich mache mir die Welt, widde widde wie sie mir gefällt, …" Kinderlied, oder Leitspruch von Narzissten ?"

34

"es gibt tatsächlich Leute, die sollte man vielleicht schon nach der 8. Klasse auf den Bau schicken. Die Frage ist nur, liegt es an den Leuten, oder ist es das Schulsystem ?"

35

"... und was will mir ein Mensch über Wohnungssuche erzählen, der nach dem Abitur, von seinem Vater eine Eigentumswohnung geschenkt bekommt, ...?"

36

"Warum wird freundlichen Menschen fast immer unterstellt, dass sie erotische Ziele verfolgen? Nur weil ein paar Idioten sich in ihrer Notgeilheit nicht im Zaum halten können, oder was für Paranoia liegen da zugrunde?"

37

"wenn Ausbildung das ist, was aus Bildung entsteht, dann kann eine Ausbildung ohne entsprechender Bildung, eine gefährliche Waffe gegen den Frieden werden, ..."

38

"In Deutschland ist es möglich Hochschulabschlüsse zu machen ohne den Inhalt zu verstehen. Pures Auswendiglernen aber, ohne emotionalen Hintergrund und ohne die Sache zu verstehen, ist eine gefährliche Waffe für den inneren Frieden   "

39

"... es ist völlig Wurst, was Du in dieser Gesellschaft für ein Verbrecher bist, solange Du einen Arbeitsvertrag hast, bist Du salonfähig, ..."

40

"... und mein Kopf ist mal wieder eine Buchstabensuppe, ..."

41

"Ich will raus, einfach nur noch weg, ..."

42

"Ich bin nur dafür verantwortlich, was ich schreibe - nicht, was ihr versteht."

43

"Menschen folgen leider der Mehrheit, nicht der Wahrheit."

44

"... so, wie nach der Schlachtung die Opfer schweigen, schweigen die Schüler nach der Schule, ..."

45

"Manche wollen keine Fakten. Sie wollen nur Futter für ihre Ideologien."

46

"„Jeder Mensch, der zu viel Schmerz in sich trägt, findet seine Möglichkeit, diesen zu kompensieren. Der eine wird hart wie Stein, der andere macht Witze darüber, der nächste versucht ihn zu ignorieren, indem er alles vermeidet. Nichts davon funktioniert!“

47

"Ich liebe Menschen, die mich zum Lachen bringen. Ich glaube wirklich, dass Lachen meine liebste Beschäftigung ist. Es heilt jede Menge Krankheiten. Vielleicht ist es überhaupt das Wichtigste am Menschen."

48

"Menschen sind oft sehr schnell mit ihren (Vor)Urteilen. Die gelten natürlich lebenslang, sonst wären sie ja keine, ..."

49

"Lego auf'm Bau, Suff und Denunzieren ...   Das ganze wird dann noch Rock'n'Roll genannt, ... Kann das ein Lebensziel sein ?"

50

"Ich überstehe peinliche Situationen wie alle normalen Erwachsenen. Wegrennen und dann Jahre lang nachts deshalb wach liegen."

53

"Dummheit lacht, Intelligenz freut sich, ..."

54

" ... und man hüte sich vor Leuten, die keine klare Stellung beziehen können, keine Haltung haben, aber stets ihre Fahne in den Wind halten und sich die Menschen hinstellen als wären es Schachfiguren, ..."

55

"Tanzen gehen, oder in irgendwelchen Diskotheken abhängen war mir schon in meiner Jugend viel zu langweilig, viel lieber hätte ich in renommierten Konditoreien, unangekündigt, Tortenschlachten veranstaltet, ... !"

56

"Für das neue Jahr habe ich mir eigentlich vorgenommen, dass ich scheindepressiven Wichtigtuern keine Aufmerksamkeit mehr schenken möchte. Aber wie soll das gehen? Wenn man die Fehleinschätzung bemerkt, ist es ja schon zu spät, …"

57

"Ich habe mich für mich entschieden, …"

58

"Die, die in der tiefsten Depression sitzen, sind die erbittertsten Feinde der Liebe, der Toleranz und der Tiefsinnigkeit."

59

"Männer braucht Frau lediglich als Brückentechnologie nur noch so lange, bis Vibratoren auch Gurkengläser aufkriegen, … Ich sag's wie es ist."

60

"ich werde mich doch nicht mit einem hässlichen Menschen einlassen, nachher bekomme ich noch was geschenkt und muss dankbar sein, … Aaouuuuu   "

61

"... und bloß nicht zu Weihnachten die rosarote Brille abnehmen und den Gänsebraten wegnehmen. Das tut so doll weh im Kopf, das mal anfangen muss laut zu schreien, …"

62

"Sex ist kein Spiel in dem man sich die Menschen hinstellt wie Schachfiguren. Wenn Sex ein Spiel wäre, würde es ja auch schon von Kindern praktiziert werden, ... also, denkt mal bitte über eure kranken Triebe nach."

63

"ich sehe meine Rechte nicht beschränkt oder bedroht. Ich sehe mich bedroht durch Rechte und Beschränkte. Lieber glaube ich Wissenschaftler, die sich auch mal irren, als Irren die glauben sie seien Wissenschaftler."

64

"... und was sind das für Menschen, die sich negativ über ihren Partner auslassen und dabei vergessen, dass sie ja damit auch eine Ich-Botschaft senden ?"

65

"... und ist der Bär katholisch, dann scheißt der Papst in'n Wald, ... !"

66

"... es gibt tatsächlich Menschen, die mit dem nachplappern von Überschriften und Halbwahrheiten eine Scheinintelligenz vorheucheln, die jeden geübten Neurowissenschaftler zum Zweifeln bringt und außer Fassung geraten lässt,..."

67

"... wenn man von einem Menschen, der nach Hilfe schreit, abgelehnt wird, weil man einem gewissen ideal nicht entspricht, ist das schockierend. Wenn man aber feststellt, dass so ein Verhalten salonfähig ist, ruft die Eskalation, ..."

68

" entfällt "

69

"Wer Menschen ausgrenzt, sollte nicht die Opfer verhöhnen, wenn sie denn zynisch werden. Das verstehen von Zynismus setzt nämlich mindestens emotionale Intelligenz voraus, ..."

70

"Wenn ich so manche Beziehungs- Familien- und / oder Kinderkiste mitbekomme, stelle ich fest, das alleine sein zwar partiell doof ist, aber trotzdem bin ich heilfroh, dass dieser Kelch an mir vorüber gegangen ist, ..."

71

"In unseren Köpfen gibt es unbegrenzten Raum.

Raum für Rückzug und Stille.

Für Kreativität und Selbstfürsorge.

Für Abschied und Neubeginn."

72

" ... ich will mal lieber nicht schlau sein, nachher gibt es wieder Leute, die wütend werden, weil sie dazu noch nicht die passenden Überschriften aus der Bild-Zeitung gelesen haben, ..."

73

"Mich erschleicht immer mehr das Gefühl, dass man in unserer Gesellschaft nur dann liebenswürdig sein darf, wenn man einem gewissen Schönheitsideal entspricht, ansonsten ist man ausgegrenzt und hat man sich dezent zurückzuhalten, ... grotesk !"

74

"Opfer müssen sich nicht erklären. Weder für den Inhalt, noch für die Form und auch nicht für die Analyse. Erst recht nicht wiederholend ! Emotional kastrierte Klugscheißer, die so etwas abfordern, sind bedingungslos zu ignorieren, ..."

75

"Manchmal wäre ich gerne jemand anderes. Jemand der immer gut gelaunt ist, keine Sorgen hat, vor nichts Angst hat, immer nur das Gute sieht, der einfach immer glücklich ist. Dann fällt mir auf, dass ich dafür ziemlich dumm sein müsste. Und dann bin ich doch wieder lieber ich."

76

"so wie man sich brettet, so lügt man, …"

77

"Durch die permanente Ausgrenzung, wird sog. "hässlichen Menschen" suggeriert, dass sie keine Ansprüche in ihrer Partnerwahl haben dürfen, ... wie dumm geht es eigentlich noch, sind niemandem die Folgen bewusst ?"

78

"... wie soll man bitte nicht verbittern, wenn man in einer Gesellschaft lebt, in der Ausgrenzung salonfähig ist, ... ?"

79

"Ignoranz und **Ausgrenzung** hat immer böse folgen. Wenn ein liebes Wort nichts mehr wert ist und der Bockwillen über Dankbarkeit steht, wird die Auflösung von Personen nicht mehr weit sein, …"

80

"Hässlich kommt von Hass. Wer also einen Menschen, den er ggf. kaum kennt, auf sein Äußeres begrenzt und als hässlich bezeichnet, wirbt mit einer sehr eindeutigen Ich-Botschaft, ..."

81

"... und das Bildungsdefizit sind nicht die Kinder, die schlechte Arbeiten schreiben, sondern ein System, dass Bildung blockiert und die Pädagogen-Clowns, die diesen Mist noch mitmachen, ..."

82

"in einem Volk das Gesetze hinnimmt welche rechtfertigen, dass man Menschen vergast, oder gaslightet, lass ich mir weder Moral noch Glauben aufdrücken, ..."

83

„Hier könnte Deine Aphorisme stehen"

84

" ... und immer nur affektiv und fokussierend in eine Richtung denken und das möglichst negativ. Auch so ein Phänomen, wo ich nicht genau weiß, ob ich kotzen möchte, oder es einfach nur bedauerlich finde, ..."

85

"... alle Armleuchter reden von Liebe, Freundschaft und wie das alles schön ist, aber wenn sich jemand auskotzen muss, rennen sie mit hoch erhobenen Armen weg und schreien. Was für Versager, ..."

86

"Fotos mit Klimperaugen posten, aber der Meinung sein, man flirtet nicht und man "sucht auch nichts",... Diese Form der Ambivalenz, könnte man ja fast als Doublebind bezeichnen, wenn es nicht so fies wäre, ..."

87

"... und es gibt tatsächlich Formen von Fragen, die sind so dämlich, dass ich blockiert bin und nicht antworten kann, ..."

88

"Wie viele Narben haben wir gerechtfertigt, weil uns die Person am Herzen lag, die das Messer hielt ?"

89

"Das Schachfiguren Prinzip, nach oben hangeln, nach unten treten und dazu noch keine Stellung beziehen,... Was für ein mieser Charakterzug, von diesen Als-Ob-Persönlichkeiten ..."

90

"... und "von den Nazis lernen, heißt siegen lernen", sagte der kleine Butterträger des Kapitalismus und rieb sich die Hände, als der nächste Mensch in die Obdachlosigkeit ging, ..."

91

"Ein ungeheiltes Trauma führt oft dazu, dass man gesunde Beziehungen als langweilig und unaufregend empfindet, weil man das Chaos und die Turbulenzen toxischer Beziehungen so gewohnt ist."

92

"Mein Name ist [...]

Und ich bin so ungebildet, dass ich denke, dass mich irgendjemand erpressen will, ..."

93

"... und wenn Du Leute um Dich hast, die Dich einfach nur ankotzen, dann mach den Song "get off of my cloud" von den Rolling Stones in deinem Kopf an und Du wirst sehen, wie sie langsam alle verschwinden, ..."

94

"Das Wetter ist gut, aber die Menschen, ..."

95

"Warum Sozialismus in Deutschland nicht funktioniert? Weil man dabei denken muss und weil es Empathie erfordert, was einigen Leuten anscheinend im Kopf so doll weh tut, dass sie laut anfangen müssen zu schreien, ..."

96

" ... orientierst Du Dich tatsächlich nur nach Äußerlichkeiten? Sei vorsichtig, wenn Du Deine Fahne in diesen Wind hältst, kann es sein, dass du zu spät merkst, wer wirklich deine Freunde sind, ..."

97

"Warum heißt es Menschen und nicht
Massenvernichtungsaffen ?"

98

"... was für ein schauriger Anblick, wenn Menschen realisieren, dass die Menschen, von denen sie wirklich geliebt werden, ihnen zu hässlich sind und diese damit auf Äußerlichkeiten begrenzen, ..."

Wer ist hier wirklich hässlich?

99

"ich will Menschen erreichen, aber ich muss niemand kriegen, schließlich sind Menschen kein Eigentum, was man erwirbt, …"

100

"Ich brauche keine ungebetenen Ratschläge von irgendwelchen dahergelaufenen Populisten. Ratschläge sind Schläge und ich kann meine Fehler alleine machen, …"

101

"ich bin immer wieder baff erstaunt, wenn ich Frauen treffe, die sich gebauchpinselt fühlen, wenn sie von irgendwelchen Typen ordinär angebaggert werden, obwohl das ja sonst überhaupt nicht in ihr Niveau passt, …"

102

"Bildung ist der höchste Wert in einem Volk. Wenn man also Akademiker mit Vollidioten ersetzt, die lediglich gelernt haben Begriffe auswendig zu lernen und diese zuzuordnenden, dann landen wir bald in einem Chaos, oder in der Sesamstraße, …"

103

"... die Stasi der ehemaligen DDR waren nur Dilettanten, gemessen daran, dass die "Bildung" der Menschen zu autoritären Persönlichkeiten, Narzissten und machtgeilen Einzelkämpfern, einen bislang noch unermesslichen Schaden mit sich bringt, ..."

104

"... und die Stasi in der DDR waren auch deshalb die Dillettanten, weil sämtliche Berufsdenunzianten und Moralpolizisten, die wir heute in unserer Gesellschaft haben, einen viel höheren volkswirtschaftlichen Schaden hinterlassen werden, wie wir überhaupt erahnen können, ..."

105

„"Bei Sturm ist jeder Hafen willkommen." Sollte man meinen, aber man staune, selbst Opfer sind arrogant und wählerisch, ...   "

106

"Was wird eigentlich aus den Menschen, die der Meinung sind, dass das Leben ein Supermarkt ist, in dem man alles umsonst kriegt, sogar Liebe und Empathie. Leute, Leute, man trifft sich immer zweimal, ... ?"

107

"... was will man denn schon mit einem Schulabschluss, ...? Es reicht in Deutschland doch durchaus, wenn man zwei Gesichter hat, ..."

108

"Wenn es einem schlecht geht, kommen als erstes dumme Rat-Schläge, dann Vorwürfe, aber nur selten Empathie, ...   wie ticken diese Menschen ?"

109

"Wenn ich in einem Krankenhaus, oder in eine Klinik gehe, möchte ich eine Dienstleistung in Form von Pflege und Gesundheit und keinen BWL'er Zirkus, ..."

110

"Gibt es ein Leben vor dem Tod, ... ?"

111

"Komisch finde ich ja, das Sozialkritik in besonderen Fällen, keine Gruppendynamik auslöst, ..."

112

"... und ich finde es äußerst bemerkenswert, dass es allem Anschein nach Menschen gibt, die Meter tief im Dreck sitzen, aber sich noch die Hand aussuchen wollen, die ihnen Hilfe bietet,... Hoffentlich ist es nicht irgendwann mal zu spät, ..."

113

"Hab das große Los gezogen. Das Arbeitslos, das Mittellos, das Orientierungslos, das Geschmacklos und das Humorlos."

114

"Man rennt nichts im Leben hinterher, weder einem Menschen noch einer Straßenbahn. Wer einen Halt hat, kann immer damit rechnen, dass an ihm etwas vorbeifliegt, was haften bleibt, …"

115

"… die sogenannten Als-Ob-Persönlichkeiten, die, die dich in einem Glauben lassen, der völlig falsch ist und Dich dann an die Wand fahren lassen. Sie sind der Meinung, es ist ihre Freiheit und sie können das, ohne dafür die geringste Verantwortung tragen zu müssen, …"

116

"Todesstrafe für Kinderschänder fordern, aber selbst die Opfer von Missbrauch verhöhnen und in Frage stellen,… Was für eine widerliche Form von Bildungsdefizit und Heuchelei, …   "

117

"Ich habe es heute morgen tatsächlich geschafft, freihändig zu gurgeln. Seid ehrlich, das schafft auch nicht jeder,...
     !"

118

"... und ich habe es heute morgen tatsächlich geschafft barfuß die Zähne zu putzen. Auch wieder ein Erfolg, den bestimmt nicht jeder hinbekommt, ..."

119

"Liebe ist zunächst nur ein Hormon was uns diverse positive Gefühle vermittelt. In der Regel schafft die Hypophyse dieses Gefühl nur sechs bis neun Monate zu halten. Was danach davon übrig bleibt ist in der Regel lediglich nur Macht und Populismus, ...   "

120

"... Erklärungen abfordern, dabei anderen ins Wort fallen und dann die Antwort falsch vorwegnehmen; man könnte fast meinen, dass ein Herr Freisler, soziogenetisch, eine gute Arbeit geleistet hat, ..."

121

"... und zum Thema Kirchenpersonal: Manchmal frage ich mich, ob Gottes Kraft wirklich in den Schwachen mächtig ist (2. Kor. 12,9) und was das für eine Kraft seien soll, wenn das Bodenpersonal aus Kinderschändern und Berufsdenunzianten besteht, ..."

122

„... und als mir die Peiniger, die meine Kindheit zum Kriegsgebiet geformt haben erklären wollten, wie ich zu sein habe, wie ich meine Haare zu tragen habe, was ich zu essen habe und was ich anziehen soll, bin ich fast eskaliert, ..."

123

"... und jahrzehntelang saufen, das auch noch zum Heiligtum erklären und von einem Tag auf dem anderen nichts mehr damit zu tun haben wollen, darauf fallen auch nur dumme Echoisten rein, ..."

124

"Die besten Zuhörer sind die, die eigentlich selbst jemanden brauchen der ihnen zuhört."

125

... es gibt Menschen, die sprechen dir ohne Anlauf sofort dein Fachwissen ab; entweder wollen sie ihre emotionalen Pässlichkeiten verschleiern, oder sie wollen trotz stinkender Dummheit einfach nur im Mittelpunkt stehen,..."

126

" ... und was sind das eigentlich für Menschen, die im Kampf für die Gerechtigkeit und ihrer Befindlichkeiten wegen, auf dem Pfad der emotionalen und sozialen Selbstvernichtung unterwegs sind,...?"

127

" ... ich bin nicht (gut) erzogen, ich bin geprägt. Ich habe mich nie erziehen lassen und ich lasse mich auch nicht erziehen, eben so, wie es im Sinne aller Pädagogik auch sein soll ..."

128

" ... und ich freue mich bei einer Inflation jetzt schon auf die dummen Gesichter, dieser verwöhnten Muttersöhnchen und Prinzesschen, die ihre Lebensmittel aus der Suppenküche beziehen müssen, ..."

129

"Frauen wollen keine Sklaven, die wollen "Armleuchter", die stark genug sind, die (gemeinsame) Brut durchzubringen. Nur die Wahrheit sagen dürfen sie nicht, das tut weh, ..."

130

" ... was man sich nicht erklären kann, kann böse machen, ... Alles nachvollziehbar, aber muss das sein, dass man dann alles kaputt macht ... ?"

131

" ... und ich freue mich bei einer Inflation ebenso auf die lächelnden Gesichter, aller Sklaven dieser "Gesell"schaft, die weiterhin dankbar ihre Lebensmittel aus der Suppenküche bekommen, ..."

132

"Es ist gesellschaftsfähig, wenn man Allergien gegen bestimmte Lebensmittel hat, die in der Regel vielleicht sogar gesund sind. Bei Abneigung gegen Cannabisprodukte wird man belächelt, oder man muss sich rechtfertigen, ... Das lässt fragen zu !"

133

"Manchmal tut mir die Dummheit anderer Menschen körperlich weh, ..."

134

" ... habe ich eigentlich mal gesagt, dass es objektive Gründe gibt, diese sogenannte Weihnachtszeit nicht zu mögen? Ich kann es kaum erwarten, bis die Wut kommt und diese ganze Heuchelei über Nächstenliebe und so, öffentlich wird, ..."

135

"Wer nicht will, kann und sollte den Mund auf machen. Was bitte ist daran so schwer, ..."

136

"Du weißt, dass du an der falschen Tür geklopft hast, wenn Dich ein Traumatherapeut fragt, was denn bitteschön Gaslighting sein soll, ..."

137

"Manchmal lache ich. Manchmal lache ich sehr viel. Manchmal habe ich das Gefühl an meinem Lachen zu ersticken ... Dann wische ich die Tränen weg und setze meine Maske auf. Ich bin gewappnet, ..."

138

"... pedantisch wird meist der, der keine Emotionen versteht, ... aber was ist der Hintergrund, dass es Menschen gibt, die keine Emotion verstehen ? ..."

139

"... in Deutschland kann jeder Idiot alles werden, man muss nur auswendig lernen. Wie auch sonst, wenn schon in der Schule systematisch die Empathiefähigkeit zerstört wird, ..."

140

" ... wer keine Ahnung hat, sollte sich nicht dem Imperativ bedienen, ... es wirkt vermessen und ist damit unglaubwürdig."

0€
450€
800€

141

" ... lieben tun die Menschen nur das was sie begehren, aber begehren tun sie nur das, was sie nicht haben. Also erzählt mir hier nicht, wen, oder was ihr liebt und wen, oder was ihr braucht, ..."

142

"... und wenn dann der Moment kommt, an dem man einfach nicht mehr freundlich sein kann und auch nicht will, aber es muss, ..."

143

" ... wenn die Zeit gekommen ist, dass man im Fokus auf Socialmedia über soziale, gesellschaftliche, wissenschaftliche Themen, sachlich debattiert und nicht mehr populistisch Halligalli präsentiert, dann wird das ein Zeichen für eine flächendeckende Bildung sein, ..."

144

".... wenn andere Menschen leiden, oder sich beleidigt fühlen, ist das egal, Hauptsache man kriegt seinen Bockwillen durch und wird nicht an seinen Befindlichkeiten berührt, ..."

145

"über 10 Jahre in einer tiefen Depression gesessen, dabei

Sachen geleistet, die einen Menschen, der gesund ist schon als schwer empfunden hätte und nun kommen alle Energien wieder zurück und das Leben zeigt sich von der schönen Seite, das ist mehr wie überwältigend."

146

"... ist es unterm Strich auch ein Bildungsdefizit, wenn wir alles was wir nicht verstehen kaputtmachen? Wäre es nicht viel schöner, wenn wir uns die Sachen, die wir nicht verstehen, verstehen lernen ... ?"

147

"Wer Hass ernten will, sollte nicht nach Liebe schreien, …"

148

"Was soll ich in meinem Leben mit Menschen, die alles nur an mir und alles was ich tue und lasse negativieren? Das ist nicht mehr wie eine Lebensabschnittsbetreuung, die auf der Müllhalde der Emotion landet und damit auch endet, …"

149

"Was einige Menschen so für Ansprüche haben an die Person, die Ihnen eine helfende Hand reicht, wenn sie km-tief in der Schiete sitzen, ist unglaublich ... "dickes Bankkonto, sexapeal, …"

150

"Wann wird sich dieses häßliche Wort "Erziehung" endlich mal Luft auflösen und durch "Begleitung", oder meinetwegen auch "Führung", substituiert sein?"

151

" ... einfach die Klappe halten, sich zurücknehmen und meinen, der andere wird schon verstehen, dass ich mit ihm nichts zu tun haben will, ... was ist „ghosting" eigentlich für eine feige und hinterhältige Maulschelle ? ..."

152

"Sag mir, dass Du mich hasst und ich verspreche dir, es wird uns beiden gut tun !"

153

"Einen guten Freund in den Wind schießen und gleichzeitig die eigene Handynummer an Idioten verteilen, ... Du wunderst Dich über den Rattenschwanz und ich kann nur noch den Kopf schütteln, ..."

154

"Wie hoch die Differenz zwischen dem ist, was Leute sagen, was sie verschweigen und dem, aus was der Rattenschwanz draus wird, ist unermesslich hoch,..."

155

"Es gibt Kreise, in denen intelligente Gesprächsfloskeln und Sachlichkeit als Beleidigung gelten. Das muss man sich mal vorstellen, in so einem kultivierten Land in dem wir leben, …"

156

"Anderen Leuten vorheucheln wie krank, beziehungsdefizitär und arm man eigentlich ist, dabei ist alles nur Show und es dient nur der Auswahl des passenden "Ernährers", … was ist nur mit den Menschen los?"

157

"Wer sind eigentlich die Nutznießer davon, dass das "Recht auf Bildung" nicht im Grundgesetz verankert ist ?"

158

"Was ist das für ein Land, in dem Bildungsdefizit mit Freiheit zu rechtfertigen versucht wird, … ?"

159

"Ich finde es ja immer wieder unterhaltsam, wie gewisse Menschen nur scheinbar freundlich sind und einem in Wirklichkeit nur auf den Kopf spucken. Schlimmer ist es aber, dass diese Menschen in unserer sog. Gesellschaft einen Stand haben, …"

160

"Die Hand die mich füttert beiße ich nicht. Aber muss ich mich von Hände füttern lassen, an denen Blut und Dreck klebt ?"

161

"... und schaut in die Kindheit eures Partners / Partnerin und ihr wisst, ob er sie der die Richtige ist."

162

"... Ausgrenzung erzeugt im minderschweren Fall "nur" Zynismus. Man kann aber auch damit rechnen, dass man einen potentiellen Mörder züchtet, oder die Grundlage für ein Massaker legt, ..."

163

"Wenn man als Kind lügt, kriegt man auf die Fresse, wenn man als Erwachsener die Wahrheit sagt kriegt man ebenso auf die Fresse, was läuft hier eigentlich falsch ?"

164

"Wenn das Würstchen grinsend daneben sitzt und Mutti den bösen Jungs die Meinung sagt, ... Muss man auch erstmal verarbeiten   "

165

"Doof ist besser wie bucklig, das sieht man nicht so, ...
"

166

"Wenn einem die PseudoIntelligenz etwas sagen will und es
auf Dritte projiziert. Muss man auch erstmal verkraften, ...
"

167

"Wenn jemand darauf hinweist, dass er gerne vollständige
Sätze spricht und sich nicht über den Mund fahren lässt, dann
wird das moralisch als Frechheit gewertet. Dabei wird
vergessen, dass es eine Respektlosigkeit ist, jemand anderes
nicht zuhören zu wollen."

168

"Dort wo Macht gegeben ist, wird auch macht gelebt. Das gilt
auch für die Anonymität im Internet, ..."

169

"Sag mir nicht, ich bin hübsch, bis du in meiner Haut warst und
die Tiefen gefühlt hast. Nur ich weiß, wie es ist in diesen
verrotteten Käfig zu leben."

170

"Schuldprojektionen gegen Opfer von Cybermobbing ist Victimblaming und das erzeugt im Zweifel sog. Widergewalt. Wer wird das verantworten?“

171

"Narzissmus, mit der feigen Fratze einer Als-Ob-Persönlichkeit und mit einem Quäntchen von ängstlich-vermeident; Sie lächeln nicht, Sie belächeln, jeden, der ihnen Gutes will."

172

"Narzissten spielen mit der Wahrheit: Sie manipulieren, täuschen und lügen."

173

"Wer sein Kind schlägt, ist ein Verbrecher, kein Erzieher."

174

"A: Was nicht sein soll, darf nicht. Was ich nicht kenne, gibt's nicht. Was mir weh tut, hat nicht stattgefunden und wenn Du mir meine Lügen nicht glaubst, erzähle ich dir eben die nächste, …

B: und das soll salonfähig sein?"

175

" ...schön, wenn Menschen mit kognitiven und emotionalen Defiziten selbstherrlich werden, ... hierbei wird der volkswirtschaftliche Schaden am deutlichsten, ..."

176

"... wer unter diesem Schulsystem nicht gelitten hat, ist ein Geschoss, entweder gegen sich selbst, oder gegen die nächste Generation,..."

177

"Was soll das eigentlich laufend, dass Kinder, die in ihrem Elternhaus eine Wohlgefährdung erfahren, von sogenannten Pädagogen, Lehrern, widermisshandelt werden ?"

178

"Wenn erwachsen gewordene Kinder den Kontakt zu ihren Eltern rigoros abbrechen, könnte dem eine rigorose Erziehungsgeschichte vorausgegangen sein. Was manchem Betrachter herzlos erscheint, könnte für die Betroffenen rettend sein."

179

"Die ersten 4 Jahre im Leben sind für alles prägend ! Will heißen: Wer als Spießer geboren ist, wird auch als Spießer sterben, was dazwischen ist, ist irrelevant ..."

180

"Wenn jemand sein ganzes Leben borniert im Dreck gesessen hat und von einem Tag auf dem anderen, den Moralpolizisten spielt, lässt es mich schaudern und vielleicht muss ich auch lachen, aber Respekt kann ich da nicht entwickeln."

181

"Ein Narziss, der aufgrund seiner Störung in der intersubjektiven Beziehung nicht merkt, wie er Gift streut, ist im Zweifel ein hoher volkswirtschaftlicher Schaden. Noch schlimmer sind aber die Echoisten und Co-Narzissten, die ihm blind folgen."

182

"Sagt was euch bewegt, sprecht, findet Worte und artikuliert es, aber fresst es nicht in Euch hinein und werdet zu Waffen, ... "

183

"Es kommt ein Punkt im Leben, bei dem eine Umkehr in die

Vernunft zwecklos ist, weil die Menschen mit ihrer Einsicht dann mehr unglaubwürdig sind, wie als das, was sie vorher waren, ..."

184

"Zu spät aus der Haribowelt erwacht und nun den ganzen Frust auf andere ablagern. Echt bedauerlich, aber damit muss ich nicht klarkommen, ...   "

185

„Du kannst die Sorgenvögel nicht abhalten, über deinem Kopf zu kreisen, aber du kannst verhindern, dass sie ihr Nest auf deinem Kopf bauen."

186

"Bildungsdefizit erkennt man unter anderem daran, dass die Menschen all das, was sie nicht verstehen, verwässern und Verschwörungstheorien, Privatwissenschaften und Glauben draus stricken. Warum wundern wir uns also ?"

187

"Ich muss den Kopf schütteln, über die Leute die mit ihren Partnern und Kindern prahlen müssen und sich damit lediglich selbst eine Fassade geben. Ich frage mich allerdings, was wären diese Menschen ohne diese billige Form der Unterwerfung, ... ?"

188

"Wir leben in einem Land, in dem wir eine Kanzlerin ohne Kinder als „Mutti" verunglimpfen und einer Kandidatin mit Kindern direkt die Amtseignung absprechen. Die Fünfziger haben angerufen, sie wollen ihr Weltbild von vorvorgestern zurück ?"

189

"Es sind nicht die offensichtlich bösen, die gefährlich sind. Es sind die Feigen, die, die dich anlächeln, aber Dich tatsächlich nur belächeln. Die, die sich nur formell bei Dir bedanken und den Wert deine Geschenke nicht schätzen."

190

"Was ist das für ein Armutszeugnis, wenn mir ein Mensch sagt: "ich will jetzt nicht denken" ?   schließlich ist der größte Stress für unser Gehirn die Langeweile."

191

"Es sind nicht die Bösen, die dir das Fürchten beibringen. Es sind die Heuchler, die Feigen, die Kritik- und Adaptionsunfähigen, die Heimlichen, …"

192

"Die Feigen, die Kritik- und Adaptionsunfähigen, die

Heimlichen, die Als-ob-Persönlichkeiten, ... das sind die, die nicht nur mein Leben kaputt gemacht haben,... Und das sind letztlich die, die den größten Schaden in unserer Gesellschaft hinterlassen, ..."

193

"Erwachsene können Kinder unterwerfen, wenn sie es darauf anlegen. Das geht nicht nur mit Fäusten und Knuten. Das geht auch mit Manipulation, Erpressung, Ängstigen, Verunsichern, durch Ausnutzung der Abhängigkeit des Kindes, im Gewand von "Erziehung" und "Notwendigkeit, ..."

194

"Zu unterstellen: "man müsste schon merken was ich will", ist ein Alibi für Menschen mit Kommunikationsdefizit, die es nicht gelernt haben, ihre Bedürfnisse zu artikulieren. Okay, aber was wird das Ergebnis sein ?"

195

"Pädagogik ist Liebe und Vorbild, sonst nichts", sagte einst der Friedrich Fröbel. Also, verdammt noch mal seid lieb und seid Vorbilder, ...

196

"Kleine Kinder dürfen niemals das Gefühl entwickeln müssen,

dass man nur dann etwas dürfe oder bekomme, wenn man der Stärkere ist, wenn man über anderen steht. Ob wir ihnen ein autoritäres oder freiheitliches Klima vorleben, ist ganz entscheidend für ihr Wohl oder Weh."

197

"Gefährlich wird es, wenn Menschen Macht gewinnen, indem sie über das Lachen, was sie nicht verstehen, ..."

198

"Die Würde des Menschen ist eins unserer höchsten Güter und wenn sie gebrochen wird, ist das ein schlimmes Verbrechen. Ich meine aber, dass es noch schlimmer ist, wenn es Menschen gibt, die diese Würde an sich selbst brechen; Butterträger, Kopfnicker, Ja-Sager, sog. Echoisten ebend, ..."

199

"Personen, die sich nicht aus Beziehungen lösen können, in der sie misshandelt werden, sind nicht doof und sollten nicht verlacht werden; Sie sind Opfer von "Trauma-Bonding" und zeigen Ihre Wunden !"

200

"Wie viel Feigheit, Heuchelei und wie viel Berufsdenunzianten passen eigentlich in ein Dorf ? Wir können nur hoffen, dass die finale Eskalation nicht wieder im Faschismus endet, ...   "

201

"wer mit sogenannten Meinungen Realitäten in Frage stellen
will, vor dem sei gewarnt, ..."

202

"Ich bin auch davon überzeugt, das es Menschen gibt, die
bewusst Unwahrheiten über sich und andere verbreiten, um
andere Leute, die ihnen naiv vertrauen, zu denunzieren ... Ganz
mieser und feiger Schachzug, Leute. Ganz mies !"

203

"Wenn sich Narzissten auf "Meinungsfreiheit" berufen und sie
mit   Ihrer   pedantisch-überdrehten   und   emotionsfreien
Sachlichkeit überhaupt nicht merken, dass sie Menschen
verletzten ... Dann möchte man elegant und stilsicher, wie ein
Dichter sagte, 12 Sorten Scheiße aus Ihnen herausprügeln,
wenn es dann nicht so menschenfeindlich wäre, ..."

204

"Erziehung ist nur Liebe und Vorbild" sagte einst Fröbel (+
1852). Wenn ich mir vor Augen halte, mit welchen
abenteuerlichen und verwerflichen Methoden heute noch sog.
Pädagogen auf Kinder losgelassen werden, verstehe ich den
Wert der Bildung !

205

"Und da waren wieder die Phantome, für die nichts gut genug

war. Die mit ihrer verfehlten Moral, alle Lebensfreude kaputt gemacht haben und sich selbstherrlich darin noch als Sieger gesehen haben ..."

206

"Ich beobachte immer mehr (Co-)Narzissten und Echoisten, die krampfhaft versuchen ihren idealisierten Phantomeltern zu gefallen und ihnen zum Mund reden. Was für ein erbärmliches Defizit, wenn man nicht adaptionsfähig ist und unverarbeitete Konflikte auf Dritte projiziert."

207

"Wenn Du meine Lüge nicht akzeptierst, dann erzähle ich dir eben die nächste, ... ich dachte, es haut mich um. Man kann also auch mit Bildungsdefizit etwas werden, oder ?"

208

"Anderen Leuten über den Mund fahren, dann behaupten sie hätten ja keine Argumente gehabt, hätten nicht mal was gesagt und das ganze noch als recht zu verkaufen. Hurra Narzissmus, dümmer geht's nicht, ... !"

209

"Es gibt tatsächlich Männer, die seit ihrer Pubertät einen narzisstisch-animalischen Balztanz führen, der keinen

Vergleich zulässt und in keinem Verhältnis zu einer anständigen Bildung steht. Kinder haben diese Männer aber partiell dann auch nicht. Besser isses !"

210

"Anderen Leuten vorwerfen, das sie "kafkadisieren", aber selber auf narzisstischer Reinkultur alles "verheideggern", ... Was für ein blödsinniger Kommunikationsvogel ?"

211

"Was ich nicht kenne gibt's nicht und was nicht sein soll darf nicht, ..." dazu noch ein bisschen Kontrollzwang und die Sache ist rund, ...

212

"Ich freue mich jetzt mal eben, aber ansonsten leck mich bitte am Arsch, ... was für ein groteske Ambivalenz.
"

213

"Leute, nicht der Inhalt ist maßgeblich, sondern die verdammte "Ich-Botschaft", OK !?!   "

214

"Oh man, bloß nicht die Haribo Welt verlassen und verstehen, dass es Menschen gibt, die anders gebildet sind. Das könnte weh tun im Kopf, ...   Hauptsache aber, Toleranz und Verständnis für die eigenen Befindlichkeiten abfordern."

215

"Warum muss die Person, die keinen Alkohol trinkt, sich mehr erklären als die, die es tut?"

216

"Elterliche Liebe ist eine Bringschuld, keine Holschuld. Und normalerweise ist sie bei allem Aufwand für das Kind eine große Bereicherung."

217

"Wenn man den Menschen die rosarote Brille abnimmt, werden sie von der Wahrheit geblendet und fangen an, laut zu schreien, ...   "

218

"Um Gottes Willen, bloß nicht jemanden zu nahe kommen, oder sich auf jemanden einlassen. Nachher muss man noch zu stehen, oder man muss denken, ... Das kann richtig weh tun, Im Kopf   "

219

"Die ersten Anzeichen für eine schizoide Persönlichkeit ist "Angst vor Nähe" ! Sollte vielleicht mal der eine, oder andere drauf achten, ..."

220

"Ich meine erkannt zu haben, dass es auch hier Menschen gibt, bei denen man gut annehmen kann, dass sie irgendwann mal, in ihrem kleinen Leben, ganz alleine sein werden, ... und vielleicht, sind sie es jetzt schon !"

221

"... und ich dachte immer die digitalen Medien sind zum diskutieren und nicht nur zum prostituieren !"

222

"Also über Co-Narzissten und Echoisten ist ja schon eine Menge geschrieben worden, aber was sind eigentlich diese Co-Ironiker ? Ist das jetzt auch so eine Modeerscheinung und was haben die für eine Aufgabe ?"

223

"Wie war das noch mit diesen Co-Ironikern ? Likes unter (partiell dämliche) Kommentare und ReTweets setzen. Neunmalklug keine Ahnung haben, worum es wirklich geht und ggf auch noch Arschkriechen ... Wie intelligent :-D"

224

"Ohne etwas anzuzeigen aus einem Gespräch gehen und / oder nicht mehr zu Antworten, ist auch eine Form der Respektlosigkeit !"

225

"In einer Gesellschaft, in der man nicht selbstkritisch sein darf, ohne dass sich irgendwelche bescheuerten Narzissten die Hände reiben, möchte ich nicht leben, ...   "

226

"Wie hoch ist die Zahl von Co-Narzissten und Echoisten, die ein Narziss an sich binden kann ? Ein soziales Umfeld, ein Verein, ein Dorf, eine Stadt, oder ein ganzes Land ? Je höher das Bildungsdefizit, desto weniger wundert mich gar nichts mehr !"

227

"In einem Land, in dem es reicht, profilneurotisch und laut, anstatt kognitiv und emotional gebildet zu sein, hat wer, welche Position ?"

228

"Es gibt Menschen, bei denen Frage ich mich wie sie reagieren würden wenn ich, oder ggf. auch andere, morgen ad hoc nicht mehr da wären!"

229

"Menschen gegenüber loyal sein ? Nicht bedingungslos ! Erstmal sowieso nur gegenüber der Wissenschaft und der Wahrheit und wer es dann genauso sieht wie ich, der kann hoffen, dass ich ihm vielleicht vertraue, ..."

230

"Ach, wie schön es doch ist, Profilneurotiker mit Zynismus zu belegen, ...   "

231

"In Deutschland herrscht Meinungsfreiheit ? Ich stelle fest, man kann tatsächlich den größten Schwachsinn raushauen und wird sogar noch dafür beklatscht, wenn man ein schönes Dekolleté und Dackelaugen hat, ...   na wenn das eine Grundlage ist !"

232

"... und In was für einer Welt bist Du zu Hause, wenn Du nur "das Schöne" sehen willst, ... ?"

233

"Wenn es das Papier nicht wert ist, auf dem es geschrieben ist und die Luft nicht wert, in die es gesprochen wird, wie ist es denn mit dem, was digital erzeugt wird ?"

234

" ... und dann Hoffnung geben und Hoffnung nehmen, ... Was für eine widerliche Ambivalenz, ... !"

235

" .. und bedenkt bei all Eurer Feigheit immer eins; Schweigen ist Lügen, ... !!!"

236

"... Und es ist alles nur Makulatur, aufgesetzt und bestenfalls populistisch ! Alleine die Matschscheibe vor der wir sitzen um uns zu prostituieren, ist beschreibend   "

237

"... und keiner soll sich alleine und abgelehnt fühlen, aber wenn man jemanden die Hand reicht und weggebissen wird, hinterläßt das Fragen und mehr, ... "

238

"Ich halte es auch für sehr bemerkenswert, wie Menschen den Dialog über Erziehung (was immer das auch sein soll) verweigern ! Was ist der Grund ? Angst vor der Selbsterkenntnis ?"

239

"... und warum nicht einfach mal Tacheles reden und sagen was los ist? Artikuliere doch bitte einfach mal nur deine Bedürfnisse. Warum kannst du das nicht ?"

240

"... und wohin mit allen Worten, wenn du sie weder denken noch sprechen darfst, ... ? Bedenke: Kompensation macht Dich zur Waffe, ..."

241

"Mangelernährung in der Kindheit, egal ob Fettsucht oder Magersucht, kann lebenslang kognitive Defizite hervorrufen, die irreparabel sind, ..."

242

"Auch mit Worten kann man auf ein Kind einschlagen. Die Folgen werden nicht in Form von blauen Flecken, sondern von Verhaltensauffälligkeiten sichtbar. Auf diese wiederum wird oft mit Unverständnis, Ausgrenzung, neuerlicher Bestrafung reagiert. Leid und Not werden immer größer."

243

"Halbwissen, Arschkriecherei und Ellenbogengesellschaft; was für eine ungünstige 3er-Kombination ..."

244

"Eine liberale Gesellschaft, sollte nicht bedingungslos Bildungsdefizite zu der "Freiheit" erklären, die es erlaubt, sich nicht in die Gesellschaft einzubringen, sondern Vorbild sein und Menschen animieren, sich mit Politik und Wissenschaft auseinanderzusetzen ..."

245

"Kann es sein, dass es hier Menschen gibt, die sich für so cool halten, dass sie sich nicht von jedem etwas freundliches sagen lassen? Ich meine, das klingt grotesk, aber es ist eine ernst gemeinte Sachfrage, ... ?"

246

"Jeder Tag ist einer weniger, ...   "

247

"Inkonsequenz ist die Mutter des Misstrauens."

248

"Wenn ich nicht ziemlich genau wüsste, das "ängstlich-vermeidend" auch eine Persönlichkeitsstörung sein kann, würde ich Ozeane vollkotzen, in einer "Gesell"schaft in der Verdrängung eine Tugend ist, … Feigheit kann Spuren von Wut hinterlassen !"

249

"Auf jeden ironischen Spruch folgt eine Spaßbremse, die ihn nicht kapiert hat und erst mal einen Stuhlkreis bilden muss."

250

"Warum, so scheint mir, denken einige Menschen, muss man eigentlich ein liebes Wort erwidern, wenn man nicht drum gebeten hat ?"

251

"Mehrspuriges Denken und Ironie setzen ein gewisses neurales Netzwerk und ein paar Synapsen mehr voraus, die ggf. durch Trauma & Blockaden nicht entwickelt sind. Also bitte nicht "kotzen", sondern trainieren ...   Das hilft   "

252

"Kinder spüren es, wenn sie nicht beachtet werden. Machen Sie es ihnen später nicht zum Vorwurf, wenn sie über erlittene Misshandlungen zuhause jahrelang "nichts gesagt haben". *Sie* waren es, die den Kindern kein offenes Ohr anboten, die über ihre stummen Notsignale hinwegsahen."

253

"Kennt noch jemand die Fernsehreklame von Togal?

"Wir wissen nicht, was dieser freundliche Berufsdenunziant empfiehlt, wir empfehlen bei Narzissmus "Egal". Und für besonders starke Fälle "Scheißegal""

254

"Im Namen der Moral zu hassen, ist so ironisch, dass ich lachen könnte, müsste ich nicht darüber weinen."

255

"Victim-blaming ist eine durch die WHO anerkannte Folter- und Missbrauchsmethode und wird meistens von Menschen mit NPS angewandt. Ich frage mich, wie lange solche Menschen überhaupt noch Verantwortung über Kinder übernehmen dürfen, ..."

256

"Klar kannst du genervt sein, wenn dir jemand zum xten Mal dieselbe traurige Geschichte erzählt, aber du musst es dir nur anhören. Der andere hat es erlebt."

257

"Nach Jahrzehnten dann "Entschuldigungen" zu hören hat bei mir Entsetzen ausgelöst. Zu hören, wer alles wie viel wusste und nichts unternommen hat, war kaum zu ertragen. Das eigene Gewissen erleichtern zu müssen und dafür Verständnis zu fordern hätte mich fast eskaliert."

258

"Traumabonding ist wie eine emotionale Kette die einen an eine Täterperson bindet. Es ist extrem und man kommt nur mit extremen Denkmustern davon los. Deshalb bezeichnen Überlebende ihre Täterperson als Monster, Dämon o.ä., um diese emotionalen Ketten zu sprengen."

259

"Ausgrenzung ist eine sichere Maßnahme das Ur- Vertrauen zu zerstören. Es fällt auf die Gesellschaft zurück, in der so etwas passiert, stört alle sozialen Beziehungen und kann sich so destruktiv auswirken, auf das Opfer, aber auch auf andere Menschen."

260

"Wenn ein Kind immer allein gelassen wird, wie soll es später "seinen Platz in der Gesellschaft finden"? Wie erwartet man, soll es sein Verhältnis zu den Mitmenschen gestalten? Wie glücklich sein? Sein Potential entfalten?"

261

„Ich möchte in keiner Gesellschaft leben, die mich für einen einzigen Satz verurteilt, ..."

262

"Klar, dass ein bestimmter Typ von Lehrer:innen später nicht gerne hören möchte, sie hätten jahre-, gar jahrzehntelang so ziemlich alles falsch gemacht. Auch wenn das ihre Standardhaltung gegenüber den Schüler:innen war: ihr seid jung und dumm und bekommt meinen Hohn zu spüren ..."

263

"Würde mich echt mal interessieren, was die Besatzung der ISS über die Weihnachtsbeleuchtung unserer Nachbarn so denkt."

264

"Lieben zu lernen ohne geliebt worden zu sein ist eine harte und ungerechte Lektion, aber manchen Heranwachsenden bleibt nichts anderes übrig."

265

"... und ist das nicht eigentlich auch defizitär, wenn jemand nach Pornos schreit, aber nicht mal einen lieben Gruß erwidern kann ? ..."

266

"was meint ihr, ist das Lied "Brainwashed" von George Harrison besser für den Englischunterricht, oder eher was für den Philosophieunterricht ?

267

"30% der Bevölkerung lehnt die Wissenschaft ab", sagte ein bedeutender deutscher Rechtsanwalt im Fernsehen. Wenn das so ist, dann frage ich mich wo bleiben die Lehrer, die Schulleitungen, die Schulämter, die Ministerien, die dagegen Sturm laufen, ... ?"

268

"In Deinem Alter, Kind, hat man noch Gründe anzunehmen, man könnte fliegen wie laufen lernen. Ich werde Dich nicht aufklären, vielleicht bin doch ich es, der sich irrt, ..."

269

"... und wenn man in Österreich Entwurmungsmittel für Pferde gegen Corona einsetzen will, dann erinnert mich das an

"Brösel-Werner" bei dem die Leute Wurstwasser trinken, um den Verstand zu schärfen."

270

„ich finde ja wir sollten in unserem "Bildungs"system nicht den Fokus auf IT-Unterricht, oder digitale Bildung etc., setzen, sondern auf die Kernfragen der Pädagogik. die kommt nach meiner Erfahrung nämlich viel deutlicher zu kurz wie irgendwelche Inhalte."

271

"Wenn schon das Elternhaus ein Ort der Hölle ist, dann sollte wenigstens die Schule ein Hort der Liebe und des Wohlgefallens sein und nicht eine Institution für Widerprügel ..."

272

"Die Fähigkeit in Deutschland Konflikte zu klären, ist kein Automatismus, sondern muss geschult werden. Was für ein Armutszeugnis ?"

273

"Ich würde so gerne die Lebensläufe und Geschichten von Menschen in einem Buch zusammentragen, denen Lehrer*innen mal gesagt haben: "Aus dir wird nie was werden" und die dann was geworden sind. Weil sie nämlich schon immer was waren."

274

"Neugier ist die Grundlage für Wissen und Intelligenz. Wie kann es sein, dass dieses Wort in unserem System zu einem Unwort gemacht wird und Kinder damit abgemahnt werden ?"

275

"Obwohl Kindesmisshandlung ein viel größeres Problem als falsche Beschuldigungen darstellt, sind beschuldigte Erwachsene viel besser vor Verleumdung geschützt als Kinder vor Misshandlung."

276

"Wenn wir nicht wollen, dass Kinder von ihren besorgten Eltern zu ständiger Leistung angetrieben und dabei geängstigt und überfordert werden, sollten wir das Konkurrenz- und Selektionsprinzip aus den Schulen entfernen, insbesondere vor der Mittelstufe."

277

"Manche Menschen werden unschuldig ins Gefängnis geworfen. Tritt der Justizirrtum zutage, empören wir uns und haben Mitgefühl. Mancher Kinder Elternhaus gleicht einem Gefängnis, in dem sie unschuldig schmachten. Wo ist unsere Empörung, unser Mitgefühl? Wie beheben wir den Irrtum?"

278

"Viele Menschen mit einer glücklichen Kindheit machen sich gar nicht bewusst, wie privilegiert, mit wieviel Rückenwind sie durchs Leben gehen, während andere Menschen mit einer misshandelten Kindheit lebenslang einen Schleppanker von Traumafolgen hinter sich herziehen."

279

"Erwachsene können Kindern übel mitspielen, ohne sich sonderlich vor Konsequenzen fürchten zu müssen. Die Konsequenzen werden von den Kindern getragen, ohne sonderlich auf Verständnis, Hilfe oder gar Wiedergutmachung hoffen zu dürfen."

280

"Solange Stärke so viel zählt, dass das Niedermachen Schwächerer opportun erschient, haben misshandelte Kinder und viele der Erwachsenen, die aus ihnen werden, einen schweren Stand, oder werden selber zum Täter, ...   "

281

"Hoffnung und Vertrauen sind Grundlage aller Pädagogik. Warum nicht auch im deutschen Bildungssystem?

282

"Bildung ist wichtig, vor allem wenn es gilt, Vorurteile abzubauen. Wenn man schon ein Gefangener seines eigenen Geistes ist, kann man wenigstens dafür sorgen, dass die Zelle anständig möbliert ist."

Zitat: Peter Ustinov

283

"„Schaffen wir die richtigen Bedingungen in unseren Schulen, schätzen wir alle Lernenden für das, was sie sind, und zwar aufrichtig. Dann entsteht Wachstum."

Zitat: Sir Ken Robinson

284

„Für mich gibt es zwei Konzepte: Das Konzept der Angst und das Konzept der Liebe. Und wenn wir bis jetzt mit dem Konzept der Angst gelebt haben, wird es Zeit, dieses zu verlassen."

Zitat: Pablo Pineda Ferrer

285

„Sie können keinen Menschen zwingen, sich zu bilden, sie können ihn nur dazu einladen."

Zitat: Dr. Gerald Hüther

286

"Reicht es wirklich, wenn man Steine schleppen, saufen und denunzieren kann, um in unserer Gesellschaft zu bestehen ?"

287

"Ein Lächeln ist ein Licht im Fenster der Seele, ein Zeichen dafür, dass das Herz zu Hause ist."

Russisches Sprichwort

288

"Ein Lehrer steht vor einer Schulklasse mit 25 Kindern. Wo ist der Fehler, wo ist der Witz ???

289

"Neulich fragte mich eine Frau, ob ich abtreiben würde wenn ich schwanger werden würde, ...   ich weiß nicht,... aber als Mann schwanger werden, geht eigentlich nicht, ...   "

290

"Wenn ein Narr ein Stein ins Wasser wirft, dann können ihn 100 Gescheite nicht herausholen"

291

"Der Riss, ist die Stelle an der das Licht einfällt, …"

Zitat: Leonhard Cohen"

292

"Du siehst besser aus, wenn Du keine Brille trägst".

"Danke, Du siehst auch besser aus, wenn ich keine Brille trage"

293

"Die Schule sollte ein Ort sein, an dem kein Kind Angst haben muss und jedes Kind die Aufmerksamkeit und Unterstützung der dort arbeitenden Erwachsenen hat."

294

"Unter den Talaren, der Muff von 1000 Jahren", ist in unseren Schulen immer noch aktuell. Nur das sich die Talare u.a schon in Jeans und T-Shirts gewandelt haben !"

295

"Bei einem Volk mit 25% Analphabetismus, war nichts anderes zu erwarten, wie einen Despoten als Präsident zu wählen. Wer nicht lesen und schreiben kann, kann sich auch nicht informieren und trifft dann auch nicht die unbedingt richtigen

Entscheidungen, ...“

296

"Wenn man mit Glaube und Meinungen, Wissenschaft in Frage stellt, erklärt, verwässert und damit auch noch Leute erreicht, dann sollten in den entsprechenden Institutionen die Alarmglocken klingeln. Wir brauchen Bildung !"

297

"Wenn Schulklassen auf maximal 15 Schüler:innen begrenzt wären, könnte man wahrscheinlich die Unterrichtszeit ohne Verlust beim Lehrstoff verkürzen. Die Kinder könnten später aufstehen und früher zum Spielen gehen, was unendlich wertvoll wäre."

298

"Die Verkürzung des Lebens auf die Ökonomie, ist einer der schlimmsten Entwicklungen unserer heutigen Zeit"

299

"Wir leben im Zeitalter der kalten Emotionen. In die Augen schauen war gestern, heute schauen wir auf einen Bildschirm, "

300

"Bitte finden Sie sich frühzeitig damit ab, dass Ihr Kind einen eigenen Willen entwickeln wird. So wie Sie auch einen haben. Das wird die angebliche "Trotzphase" viel einfacher für Sie beide machen. Sie wollen nicht etwa mit brachialen Methoden ein willfähriges Gemüse heranziehen ?"

301

"Wer Bildungsresistenz mit Freiheit begründet, sollte sich nicht wundern, wenn wir eines Tages die T-Shirts für China nähen."

Zitat: frei nach Dr M. Spitzer

302

"Kinder sind so lange Opfer unserer Dämlichkeit, bis sie alt genug sind, den Mist an die nächste Generation weiterzugeben."

303

"Kuh-Bauern und Wissenschaft sind ein sehr explosives Gemisch; Wenn man vergleicht, wie wissenschaftliche Fakten mit moralischen Abforderungen, u.a. Spielplatzweisheiten, verdreht werden, kommt man schnell in eine Ambivalenz aus Maulschellenverteilen und Lachanfällen !"

304

"Angst zu haben ist keine Schande. Doch Angst zu schüren ist eine Gemeinheit. Den Geängstigten dann noch herabzusetzen eine Niedertracht. Dies alles einem Kind anzutun ist ein Verbrechen mit schädlichen Folgen.

Niemand sollte eine Kindheit in Angst verbringen müssen."

305

„Es ist ein Gesetz der Menschlichkeit, daß, wenn einer irgend welche Hilfe für die leidenden Angelegenheiten des Nächsten kennt, er solche zu bringen nicht unterläßt."

Zitat: Comenius

306

„Was für ein Tanzbär, der seine eigene Unpässlichkeit darin kaschiert, dass er populistisch vorne stehen muss und bewegungsdefizitär gestikuliert ? Der Höhepunkt an bedauerlicher Traurigkeit ist aber dann erreicht, wenn eine Masse von versoffenen, narzisstischen Lakaien und Echoisten, diesen armen Irren noch in die analen einer Dorfgemeinschaft hebt."

307

„Ich bin nicht eingebildet, mich gibt es wirklich, …"

308

„Das Denken ist zwar allen Menschen erlaubt, aber vielen bleibt es erspart, …“

Zitat: Curt Goetz

309

„Die Art, wie Dich ein Mensch behandelt, sagt aus, was für ein Mensch er ist, nicht was für ein Mensch Du bist, …“

310

„Alte Türen schließen und neue Türen öffnen sich, immer zur richtigen Zeit, …“

311

„Der Körper hat 7 Milliarden Nerven und manche Menschen schaffen es echt, mir auf jeden einzelnen zu gehen, …“

312

„Probleme löst man, indem man spricht … nicht indem man aufhört zu sprechen.“

313

„Manchmal musst man loslassen, um zu sehen, ob etwas zurückkommt. Kommt nichts zurück, denn war Loslassen die richtige Entscheidung."

314

„Jeder Krieg ist eine Niederlage des menschlichen Geistes."

315

„Eltern kommen mit jeder Kaltherzigkeit durch, wenn sie es nur „Erziehung" nennen. Wenn sie sich dann noch darüber beklagen, wie „unmöglich" ihre Kinder sind, ist ihnen mitfühlender Beifall gewiss. Und was eigentlich stattfindet, Kindesmisshandlung, wird nicht beim Namen genannt"

316

„Wer warnt jemand vor einer Person und macht dann aber Geschäfte mit genau diesem Menschen, vor dem er gewarnt hat ? Ist das noch geschäftsfähig, oder ist das nur Ellenbogengesellschaft ? Kann man da noch vertrauen ?"

317

„Ich habe schon wieder so was komisches im Gesicht. Laut Google ist es ein Grinsen. Muss ich mir Sorgen machen und soll ich ein Arzt aufsuchen ?"

318

"Wenn ein Mitglied einer sog. Boyband singt, spielt es kein Instrument und wenn es ein Instrument spielt, singt es nicht. Damit stehen diese Leute auf derselben Stufe wie die, die beim Kaugummi kauen nicht laufen können, was man deutlich an ihren Tanzschritten sieht."

319

Ich überlege den Wut-Club zu gründen. Wir treffen uns einmal die Woche, brüllen laut „Scheiße" und werfen mit Gegenständen. Interesse ?

320

"Liebes Ich,

manchmal liegt der größte Mut darin,
dir selbst einzugestehen,
dass dein Widerstand, die eigene Angst
vor deiner Größe ist."

321

Zeit tot schlagen ? Warum das töten, was man am meisten begehrt ?"

322

"Warum gibt es keine Talkshow, in welcher Chef der Arge, Arbeitsminister und Leitung von Jobcenter oder Arbeitsagentur Bescheide erläutern und allgemeine Fragen beantworten?"

323

"Biete: Binde- und Stützgewebe aus einem gut gezüchteten Adipositasbuch, z.B. zum Aufbau v. Brüsten, im Tausch für einen Waschbrettbauch.

Natürlich nur ernstgemeinte Zuschriften, bitte   ."

324

„Ich sitze, es muss Gravitationsfreitag sein"

325

"Habt ihr gewusst?

Es gibt Frauen, die beißen von Minifrikadellen viermal ab!   "

326

"Mann: „Guck mal Schatz, diese Schnecke"

Frau: [3 Min Grillenzirpen] „Wooooo…?"

Mann: „Schon weg!""

327

"Hilfe, Hilfe, ich bin 15 ! Ist das normal für mein Alter, ... ?

Dr. Sommer: [Grillenzirpen]

Und wir wundern uns über Bildungsdefizit in Deutschland ..."

328

„Narziss: Häää, und was soll das heißen ? Was redest Du, das versteht doch kein Schwein, ...

Ich: Was daran liegt, das ich nicht grunze, sondern in klarer deutscher Grammatik und sinnbezogen spreche !

Narziss: [3 Min Grillenzirpen]

Resultat:"Wer keine Ironie versteht, der säuft auch sein eigene Pi... " Ach lassen wir das   "

329

"Kumpel: Meine Schuhe sind weg !

Ich: Waren Schnürsenkel drann ?

Kumpel: Ja !

Ich: Dann sind die jetzt auch weg, …

Kumpel: [3 Min Grillenzirpen]

Beide: "

330

Freundin: „Man, Du bist doof"

Ich: "Na und, dafür bist'n Du halt `n Mädchen"

Freundin: "Häää ?"

Ich: "Wenn ich will, bin ich nachher nicht mehr doof und Du bist immer noch 'n Mädchen, ..."

Freundin: [Grillenzirpen], ... !

331

Eines schönen Morgens, in Spandau bei Berlin, vor dem Arbeitsbeginn:

"A: „Wen jehört'n der Hund, da ?“

B: „Ditt iss keen Hund, ditt iss'n Schaf, ...“

A: „ … und wo hat der dett Schaf her ?“

B: „Na auss'n Schafladen, …“

A: „Auss'n Schafladen ? Und watt jib's da noch ?"

B: „Schafpaste, …"

A: [3 Min. Grillenzirpen]"

332

"A: "Man, hat die T**t*n"

B: "Ja zwei Stück, vorne, oben, in Brusthöhe"

A: [3 Min Grillen zirpen]

Vulgo: "Wer keine Ironie versteht, der säuft auch seine eigene Pi.. …"

333

"Gewiß darf nicht nur, sondern muß sogar Ironie bissig sein. Es ist aber ein Unterschied, ob eine giftige Kröte aus dem Sumpf heraufquakt (Froschperspektive), oder die Kralle des Adlers aus der Höhe herniederfährt (Vogelperspektive)."

Zitat: Ernst Woldemar Sacks

„Das ist das Ende,
schöner Freund
Das ist das Ende,
mein einziger Freund.
Das Ende !

Von unseren sorgfältigen Plänen
Das Ende
Von allem, das besteht
Das Ende
Weder Sicherheit noch Überraschung
Das Ende
Ich werde dir nie wieder in die Augen sehen
Kannst du dir vorstellen, was sein wird ?

So grenzenlos und frei
Verzweifelt angewiesen
auf die Hand eines Fremden
In einem hoffnungslosen Land"

Zitat aus „The End"
von Jim Morrison und The Doors.

Widmung

Dieses Buch ist all denen gewidmet, die viel denken, aber keine Stimme haben. Es ist denen gewidmet die nicht nur emotional sind, sondern so viel Liebe in sich tragen, dass sie platzen möchten. Es ist den Tieren gewidmet, die bedingungslos lieben und auch den Pflanzen, die uns zuhören und aus unserem schlechtem Atem wieder eine gesunde Luft machen.

Mein Dank geht an meine liebe Freundin Jessica Graf, die mit Ihrer wunderbaren Seele und all Ihrer Kreativität, das kleine Buch illustriert und zauberhaft geschmückt hat.

„Du bist eine Amazone !
Niemand kann Dich haben und Niemand wird Dich halten.
Wer eine Amazone festhält wird verbrennen, ... "

Meinen Dank möchte ich auch meinem Freunden Reiner und Astrid A. und der ganzen Familie aussprechen. An meinem Freund und Arzt Hanswerner gilt auch ein herzlicher Dank und Hochachtung für die Geduld, meinen Körper wieder zum Laufen zu bringen. Meiner lieben Kristina M., Kerstin R., Gitti „GTi" F., Steffen G, Dr. Th.-Elo. von Grabenstein, Stefano QQ., Sönke K., Wolfram und Jacky aus`n Osten, Frank L. aus Staaken, Randy Tylor aus Spandau, Olli J., Lukas B. und seine Mutter, Sarina B., Ihre Mutter Tanja und die ganze Familie, Leo und Benny L, „The Goy Family", V.S. (Danke, das Du mir

meine Augen geöffnet hast), die bezaubernde Sandra J., Frau Krebs, alle meine lieben Schüler und Klienten und all diejenigen, die immer zu mir gehalten haben und hier nicht erwähnt werden konnten, …

Ihr seit so besonders, denn Ihr habt mich inspiriert und damit gestärkt :-)

Zitate aus der Praxis

Zitate aus der Praxis